조에

모든 인류가 꿈 꾸는 신적 생명

글 김원민
그림 이시혁

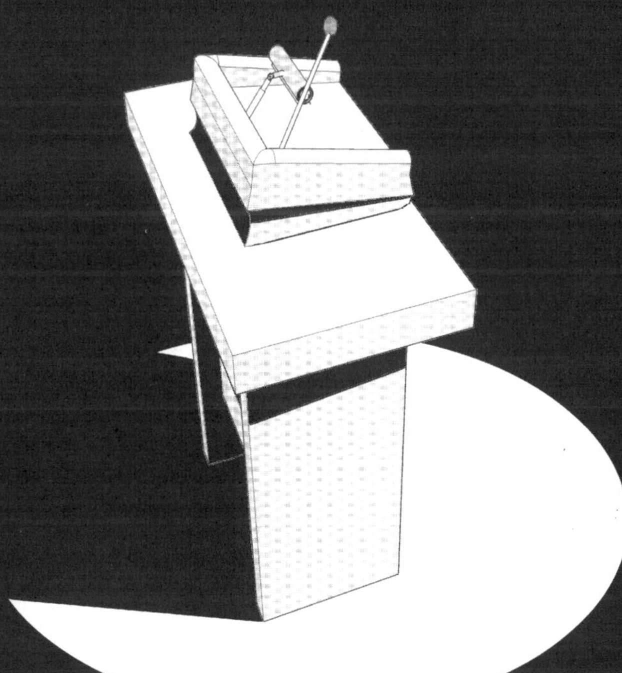

보물지도

이 이야기는
실화를 토대로 구성하였으며
담겨 있는 메시지들은
성경에 기록된 내용들을
조금의 과장도 없이 기록한 것입니다.

"공포로 온 몸을 휘감는
이 죽음의 정체는 무엇인가?"

예수님은 우리에게 자유를
주시기 위해 오셨습니다.
죄로부터의 자유,
삶에서의 자유...
야! 세 번째 줄
오른쪽에 있는
애 어떠냐?
조용히 좀 해라
뭐라고하시는지
하나도 못알아
듣겠다.

....
아니야..
왼쪽애가
더 귀여운 것 같아...
혼자 잘 논다.

진리를 알지니 진리가
너희를 자유케 하리라.
예수님은 진리시고
예수님은 여러분을
자유케 하실 것입니다.

삼신세탁
음... 성경은 너무 어려워.
자유케 한다면
우린 어딘가에 매여
있다는 건데... 그게 뭐지?
죄라고 했잖아..
죄!

나처럼 단순하게 살아. 그게 정신 건강에 좋아.
그래 하지만 너무 형이상학적이야.
그러기엔 한호의 지적호기심이 너무 커...
너는 교회에 왜 나오냐?
!!
단순하게 말해서 참한 처자 만나 알콩달콩 재밌게 잘살기 위해서랄까...

....
그래 너답다.
그래 잘 가
한호야!
동철아!
내일보자.
잘들 가라.

이봐요!

여기 이렇게
앉아 있으면
얼어 죽어요.
털썩!!
!!!

정신차려요.
이사람
죽은거
아니야?
!!!!
진짜
죽었
잖아!!...

......
이봐 학생!
병원이나 파출소에
연락좀 해줘!!

죽었다고...?
그렇게 쉽게...
사람한명 죽는게
병아리 한 마리
죽듯이 그렇게
쉽다고...
이봐
학생!

인간이 그렇게
하잖은 존잰가?
학생 뭐해!
아...
예...
파출소나 병원에
연락하라니까?
....

탁탁탁!!
인간은 죽으면
어떻게 되지...
그냥 안개
처럼 사라
지는 걸까?

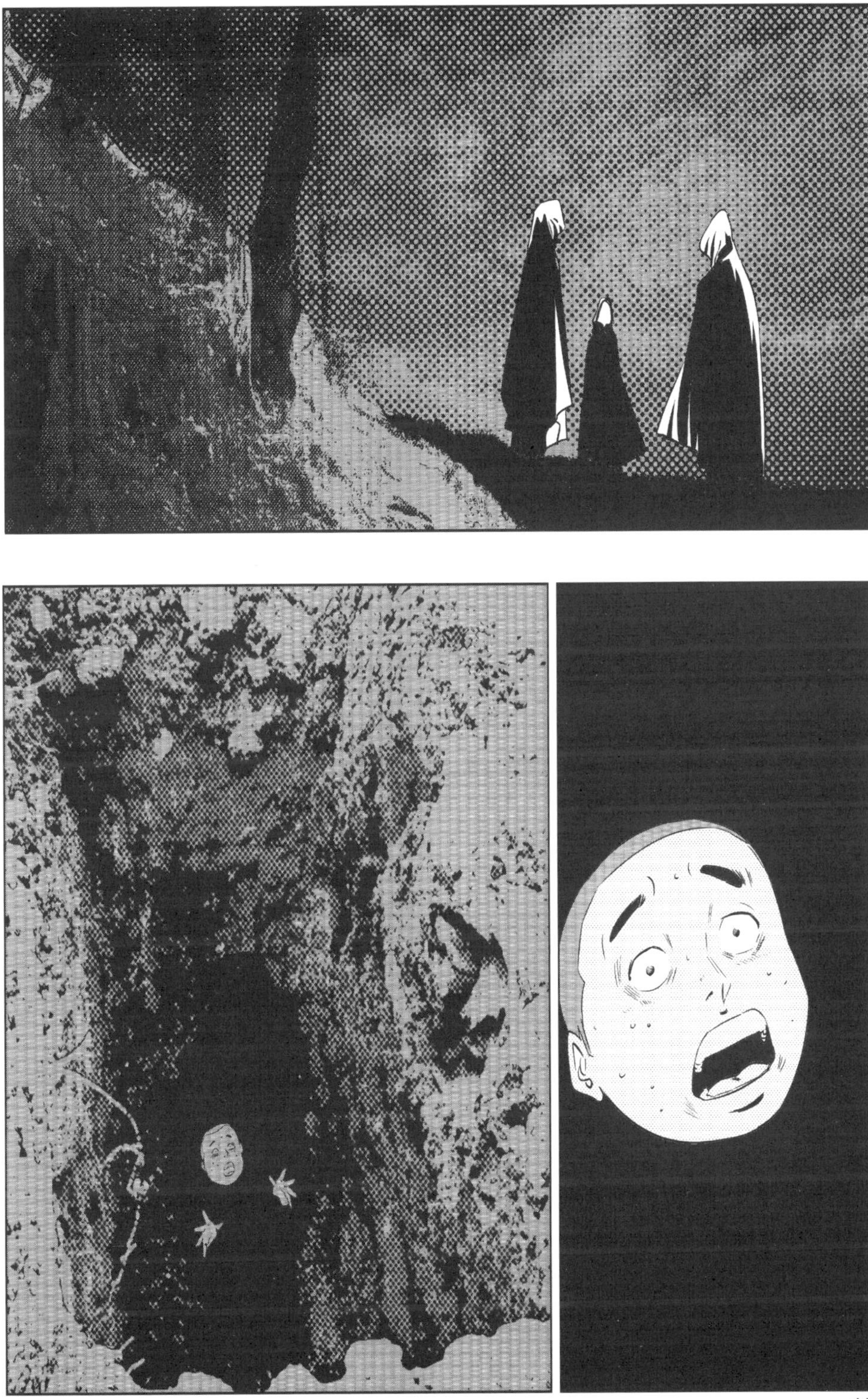

퍽!!
휙!
휙!
퍽!!
살려줘요.!!
퍽!!
사람 살려!

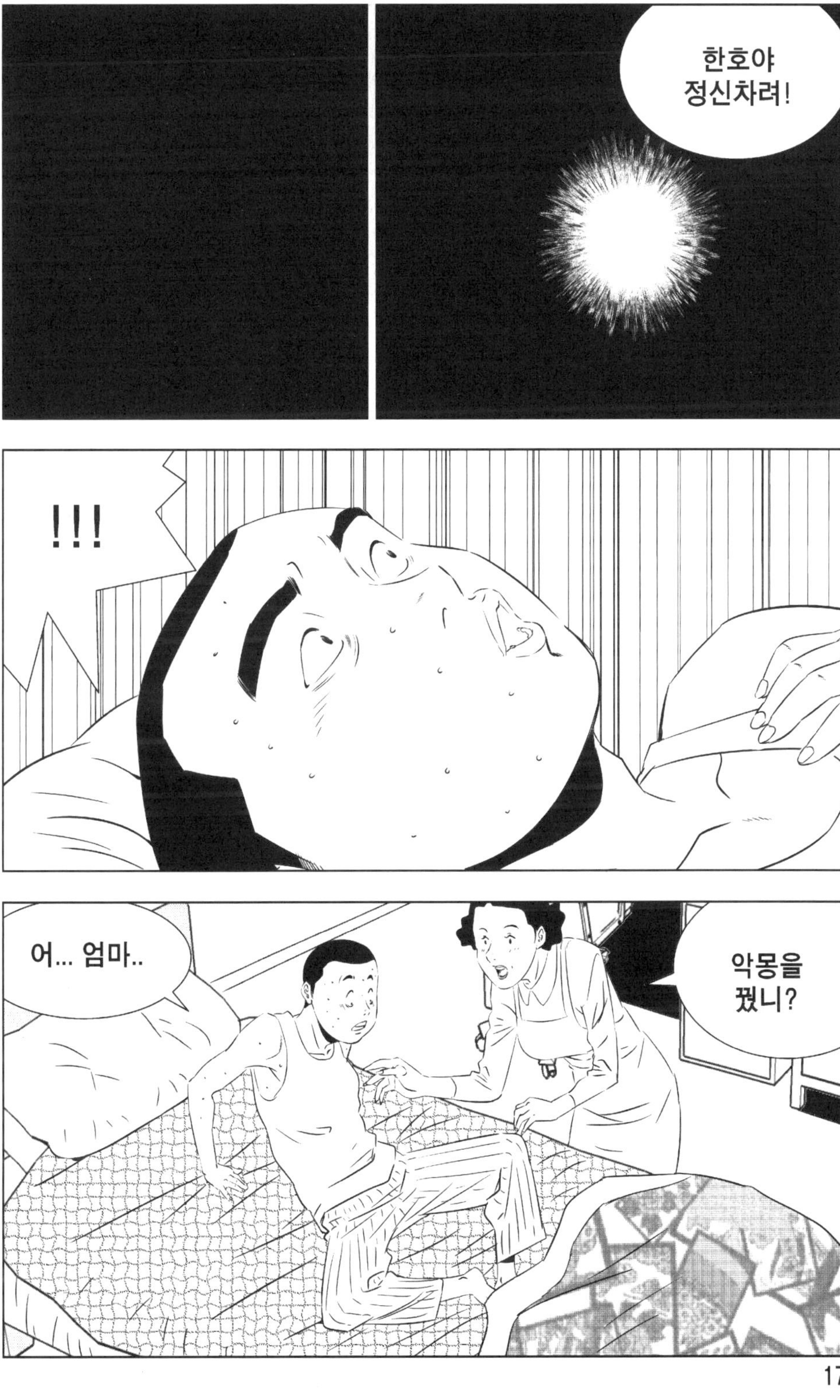
한호야
정신차려!
!!!
어... 엄마..
악몽을
꿨니?

무슨 꿈을
꿨길래 그래?
아.. 아니예요.
학교 늦겠다.
세수하고
밥먹어라.
예..
공포로 온 몸을
휘감는 이 죽음의
정체는 뭐지?
탁!!

목숨
도한호

내 죽은 후에도 오월이 있다면
해질녘의 불안과 하얀 낮달과
미풍에 파들거리는 잎새들이 있다면

내 죽은 후에도 호수가 있다면
유록색 봄보리밭 위를 말 탄 인디안처럼
내달리는 바람이 있다면

내 죽은 후에도
부르고 싶은 이름 석 자 가질 수 있다면
그리고 싶은 얼굴 하나 가질 수 있다면

....
....
!!
공부하냐?
!!

생물이네?
어? 거기까지 진도 나갈려면 멀었잖아?
죽음에 대해 나왔나해서
죽음? 그게 왜 궁금한데...

저언혀.
넌 안궁금하냐?
그런쪽으로 머리 굴리다보면 미쳐 버리는 수가 있다.
!!
애 벌써 시작된거 아니야?
차라리 그게 나을지도 모르지...

이번엔
무슨 책이냐?
!!
그리스 3대 비극시인중
한명인 소포클레스의
오이디푸스왕이라는 책이야.

재밌냐?
빙긋
재미라기보다는
인간으로서의
절망이나 한계,
그런거에 부딪친
느낌이야
절망? 한계?
어...
내용은
간단해.

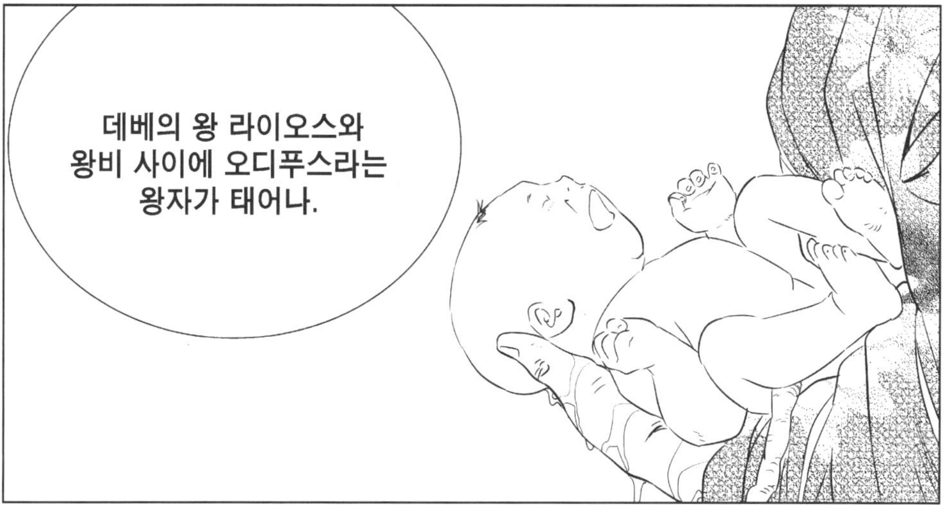
데베의 왕 라이오스와
왕비 사이에 오디푸스라는
왕자가 태어나.

라이오스왕은
오디푸스왕자가
훗날 자신을 죽이고
왕비를 아내로 삼을
거라는 신의
소리를 들어.

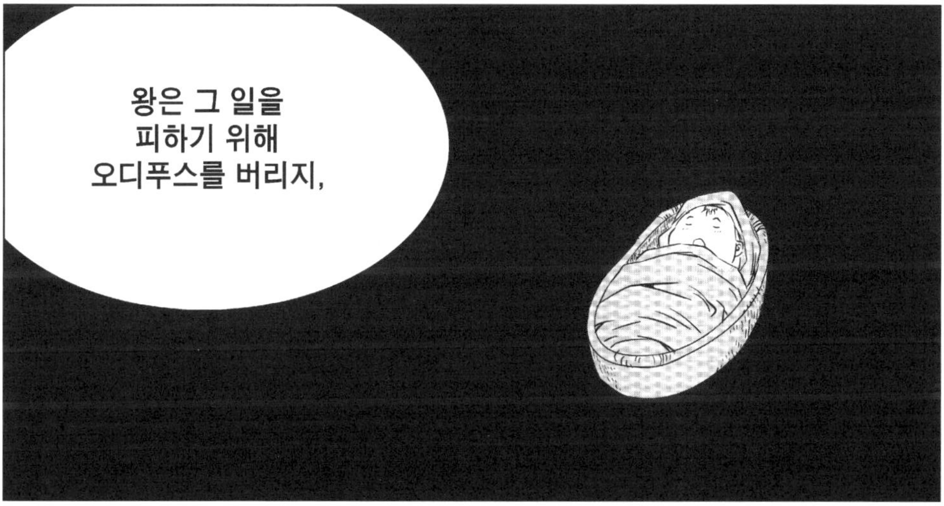
왕은 그 일을
피하기 위해
오디푸스를 버리지,

버려진 오디푸스는 구사일생으로 코린트왕의 아들로 자라게 되고 어느날 좁은 길에서 친아버지인 라이오스왕의 일행과 만나.
좁은 길에서 옥신각신하다 아버지인 라이오스왕을 죽이고
어찌어찌해서 라이오스왕의 왕비, 곧 자신의 어머니를 아내로 삼는다는 내용이야.

!!
그런데 왜 거기서 네가 절망이나 한계를 느끼냐?
신이 정한 운명이라면 우리 인간은 벗어날 수 없다는 그런 절망...정해진 내 운명을 바꿀 수 없다는 내 한계점... 결국 이렇게 살아서 뭐하나 하는 그런 생각까지도 들어...
......
난 절대 책은 많이 안 읽는다.
참 걱정된다.

어?
덜컹
저기 국어
선생님 아니야?
그렇네...
밀어 드릴까?
덜컹덜컹..
가자!
영차!
!
영차!

어.. 네들이구나
고맙다.
왠 짐이
이렇게 많아요?
살던 방을
옮기는 중이야
끼익...

다왔다.

저희들이
날라 드릴께요.
슥!

고맙다.

왜 책들이
이렇게 많아요?
이 정도가지고
뭘... 이사오면서
별로 중요하지
않은 책들은
다 버렸단다..
거의 대부분
처음보는
책들이네요.
그래?
보고 싶은게
있으면 맘껏
갖다 보렴
그래도
돼요?

헌데 너희들한테는
읽기 좀 어려운
책들이 많을 거다.
고맙습니다.
뒤적뒤적
까뮈의
페스트네요?
La Pest
까뮈를 알아?
실존주의
작가 아니예요?

네가 실존주의를 이해한단 말이냐?
애 독서광 이예요.. 학교 도서관에 있는 책들은 거의 다 봤을거예요.
그래?
대단한데... 아직 네 나이엔 이해하기 어려운 내용인데... 넌 실존주의가 뭐라고 설명할래?
!!

실존을 깨닫는다는 건
철이 드는거랑
비슷한거 같애요.
철든다고... 훗...
왜 그 말이
정답처럼 들리지?
아무리 그 철학들이
훌륭해도 풀리지 않는
궁금증이 있어요.
궁금증...?
그게 뭔데?

애가 요즘 죽음에
대해 관심이
많나 봐요?
죽음?
왜 하필 죽음이냐?
인간이 젤
두려워 하는것
그게 죽음인것 같은데
답이 없잖아요.

그래? 하지만 의학이나 과학, 철학 그 무엇으로도 정답을 찾아내지 못한 것이 그 주제지. 내가 알기론 죽음의 실체를 완전히 파악한다는 건 쉽지 않을 거다. 아무리 독서량이 많아도...
medicine
science
어쨌든 몇 권 빌려 갈께요
마음 대로해.

실존주의 철학자들도
죽음에 대한 정의는
내리지 못했나봐.

죽음은 뭐지...

죽으면 어떻게 되지...

엄마, 사람이
죽으면 어떻게
되는지 알아요

엄만 안궁금해요?
넌 어린애가 어떻게 그런게 궁금하니?
글쎄다 예배후에 목사님한테 여쭤보려무나.
예....
늦겠다. 빨리가자
네..

제사장은 그 당시
사회지도층입니다.
....
그러나 강도 만난 사람을
외면한체 자기 갈길로
가버리고 말았습니다.
!!

!!
툭!!
예배시간에
무슨 생각을
그렇게해. 예배에
집중해야지...
아... 예
....
......

그래 궁금한게
있다고?
죽으면 어떻게
되는지 알고
싶습니다.

....
한호야!
예 목사님!
어머니가 걱정하시
더구나. 요즘 성적이
떨어진다고. 지금은
미래를 위해 열심히
공부할 때인거
같은데...
저는...
그런 문제는 좀 큰 뒤에
고민해도 늦지 않을게다.

예...

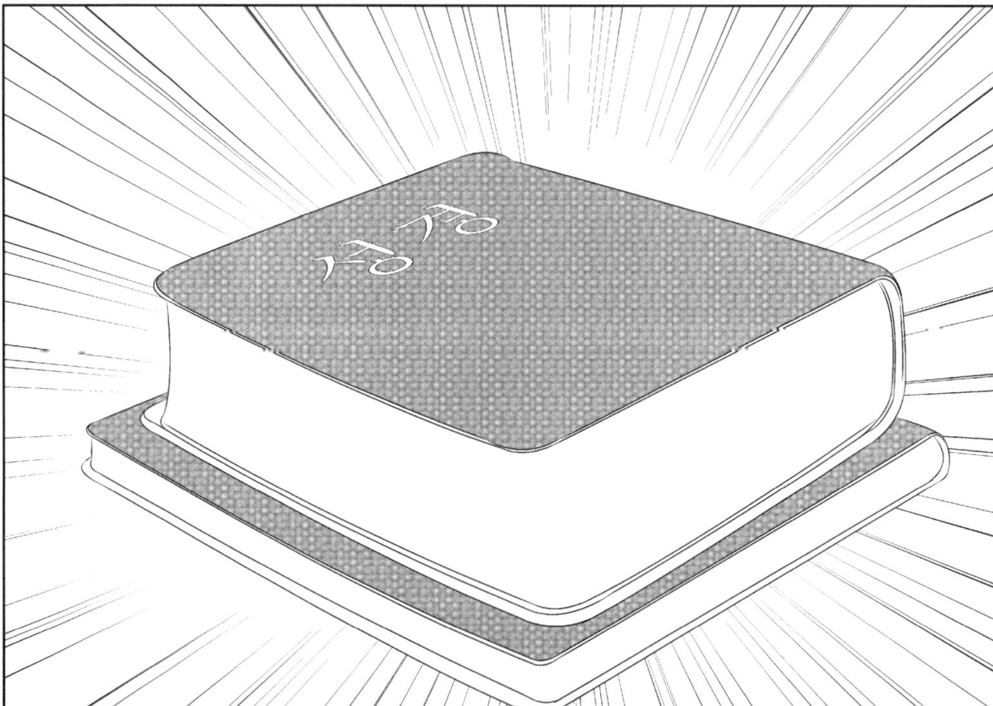

헉헉
너 여기
있을줄 알았다.
.....

왜?
이거 못읽어 봤지?
그게 뭔데?
철학책인데 신플라톤주의 라는게 있거든.
신플라톤주의?
말하자면... 우리가 볼수 있는 이 모든 것들은 보이지 않는 이데아의 세계를 보여주는 현상이라 이거지

처음 들어 보는 말인데...
우리가 살아 가는 이 모든
세상, 너와 나도 본질인
이데아의 그림자에 불과
하다는 말이지
그렇지

뭐 이리 어려워
보이지 않는 실체인 이데아에
들어가려면 현상속에서 이성과 감정을 잘
조절하여 이데아에 대한 경험을 넓혀야 한다.
어느 정도 이데아의경험이 축적되면 본질인
이데아에 다다를 수 있다.

그러나 이데아에
단번에 다다를 수 있는
방법이 있으니
곧 죽음이다.

이것이 죽음의 실체인가?
불분명한 이 세상속에서
모든 것을 알 수 있는 실체로
들어 가는 관문!
그것이 죽음인가?
죽음도 별거 아니었구나.

금계랍!
말라리아로 죽어가던 알렉산더 대왕의 수중에 네가 있었다면 인류역사를 바꾸어 놓았을텐데... 지금 내손에서 내 역사를 바꾸어 놓는구나.

오늘따라 햇살은 왜
이리 따스한거야?
나는 오늘 나의
본질인 이데아로 돌아간다.
부모님 죄송합니다.
이 불효자식을 용서하소서.
친구들이여 잘있어라.
쏙!!

에퉤퉤!!
우... 써! 에퉤퉤!
이렇게 쓴거야.
!!
오늘은 안되겠어
다음에 다시 해야지

몇 알 넘어간 것 같아..
휘청!
약기운 때문인가?
어지러워...
한호야!

어! 희규구나..
등산했냐?
저기 교회에서 외국선교사가 부흥회한다 는데...
어... 그럴일이 있었어.
부흥회? 글쎄... 난 몸이 좀 안좋아서...
주제가 완전한 문제해결이라는데...

완전한 문제해결?
교회에선 답이 없다는
걸 알아버렸는데
무슨 문제해결?
그래도 가보자
혹시 아냐?
난 지금 내 머리가
혼란스러워...
죽음에 대해
고민을 너무
많이해서 그래
글쎄... 난
약 때문인줄
알았는데, 그게
원인일지도
모르지...
?

약? 무슨 약?
아니야 가자...

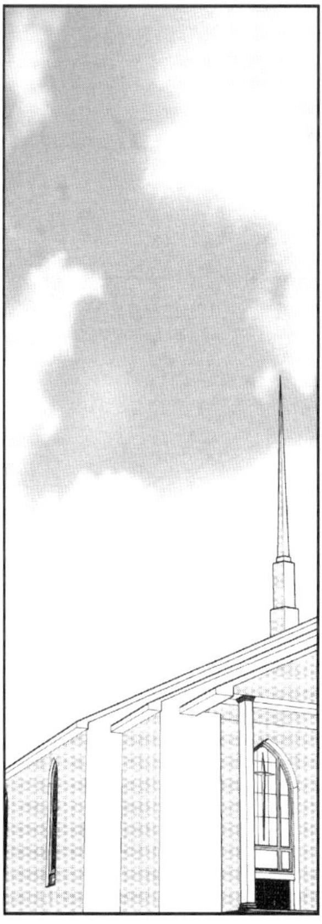

둥!!
둥!!

부흥회는
시끄럽군.
!!
우리에게 닥친 비극의 원인은
창조주의 형상을 잃어버렸기
때문입니다. 인간은 하나님과
같은 존재, 신적 존재로
창조되었습니다.

하나님처럼 만들어 졌음에도
하나님처럼 되고자 하나님을
거역했기에 하나님으로부터
버림을 받았습니다.
탕자가 아버지처럼 되고자 성급히
자신의 분깃을 요구했을 때
모든 것을 잃고 거지가
되었습니다.

때가 되면 아버지는 아들에게
모든 것을 물려 주었을 것입니다.
순수한 물은 썩지 않습니다.
그러나 그 순수한 물에 썩은 물이
한 방울만 들어 가도 그 물은 전체가
오염됩니다. 마찬가지로 이 땅엔
죄가 하나도 없는 완전한 의인이
한명도 없습니다. 의인이 아니고서는
그의 나라 곧 천국에 들어 갈
수가 없습니다.

그래서 이 문제를
해결하기 위해 죄 없으신
예수님께서 오셨습니다.
그 분이 십자가에서 죽으심으로
내 죄 값을 대신 치루신 것입니다.
그래서 예수님이 흘리신 피가
내 죄 값임을 믿는 자는 하나님이
의인이라고 인정해 주십니다.
죄가 없는 의인은 죽지 않습니다.
오염되지 않은 순수한 물이 썩지 않듯이..
이 간단한 진리만 알면 모든 문제는
해결 됩니다. 하나님과의 관계도
죽음의 문제도 이웃간의 문제도
모두 해결됩니다.

지금 그 예수님을 내 죄값을
치루신 분으로 인정하고
그 분을 따르기 원하시는
분은 앞으로 나오십시오.
예수님 그 분이 내 죄의 문제,
죽음의 문제를 완벽하게
해결하신 분이십니다.

완벽하게...?

그 분을 믿기 원하시는 분은 앞으로 나오십시오.
스읍!
제가 기도하겠습니다. 나오신 분들은 따라하세요 여러분들도 같이 따라하셔도 좋습니다. 예수님...
예수님
당신의 죽으심으로 내 죄가 눈처럼 희어짐을 믿습니다.
당신의 죽으심으로 내 죄가 눈처럼 희어짐을 믿습니다.

아버지의 나라 천국에 들어갈 수 있는 의인이 됨을 믿습니다.
아버지의 나라 천국에 들어갈 수 있는 의인이 됨을 믿습니다.
당신의 나라에 이를 때까지 당신의 말씀대로 살게 하소서
당신의 나라에 이를 때까지 당신의 말씀대로 살게 하소서
아멘!
아멘!

너 무슨 내용인지
알고 그 앞에
나간거냐?
몰라.
그러면서
앞엔 왜 나가?
선교사가
거짓말은
하지 않겠지
무슨 소리야?

예수님이
죽음의 문제를
완벽하게
해결했다잖아
넌 그 말을 믿나?
그럼 살기 좋은 나라의
부러울 것 없는 사람이..
머나먼 타국,
그것도 지지리도 못사는
나라에 와서
거짓말이나 하겠냐?
뭐 얻을게 있다고...
애가 오늘 정상이
아니지 싶어.
부시럭!
?

금계랍이잖아.
먹을려고?
!!
휙!!
?

예수님이
나의 죽음의
문제를
해결했다!

어쩌면 내가 앓은
홍역들이 예수님을
만나기 위한 과정인지도
모르겠어. 먼 길을
돌아 오긴 했지만...
야! 조용히 해!
그래 완전
죽을 뻔 했다.
너 홍역 앓았냐?
언제?
오늘...

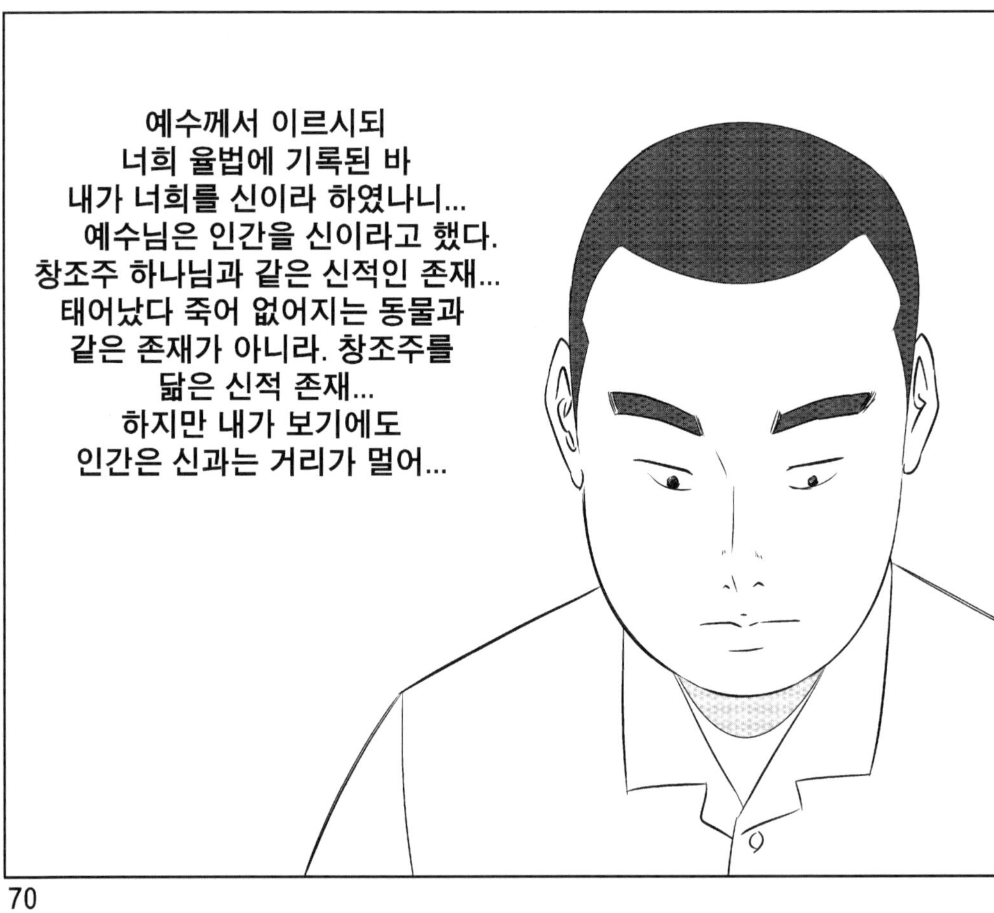
예수께서 이르시되
너희 율법에 기록된 바
내가 너희를 신이라 하였나니...
예수님은 인간을 신이라고 했다.
창조주 하나님과 같은 신적인 존재...
태어났다 죽어 없어지는 동물과
같은 존재가 아니라. 창조주를
닮은 신적 존재...
하지만 내가 보기에도
인간은 신과는 거리가 멀어...

철학을 공부했고
작가로도 이름을
알리기 시작 했는데
왜 하필 신학을 공부
하겠다는거냐?
철학으론 뭔가
채울 수없는
갈증이 있어.
갈증?
그게 뭔데?

그걸 잘 모르겠으니깐
신학을 하려는거지.
그리고 신에 대해 잘 알면
작품의 깊이가 깊어지지
않겠냐?
두루룩!!
야 이거 봐라.

이게 뭐냐?
두 향수 향을 비교해 보고 어떤게 진짠지 가려 봐라
내가 향수를 어떻게 아냐?
그럼 어떤 향이 좋은지 말해봐
쿵쿵..
처음엔 은은한 꽃향기가 나다가 그다음 부드러운 과일향...
과일향이 사라지면서 잔잔한 사향이 남지...
어때? 두 개가 똑같지...
하나는 샤넬 NO. 5 진짜고 하나는 가짜다.

네가 만들었냐?
나도 내가 이런 능력이 있는 줄 몰랐다. 이걸로 떼돈을 벌거다.
넌 사기꾼으로 나서려고?
사기라니... 이건 엄연히 내 능력이라고... 대학도 돈버는 법을 배우기 위해 가는거 아니냐? 그럴거면 대학에 돈 버릴거 없이 처음부터 돈벌러 나서면 되지...
넌 사는게 단순해서 정신건강에 좋겠다. 한호 봐라. 훌륭한 작가가 되기 위해 머리 아픈 신학을 하겠단다.
!!
신학?

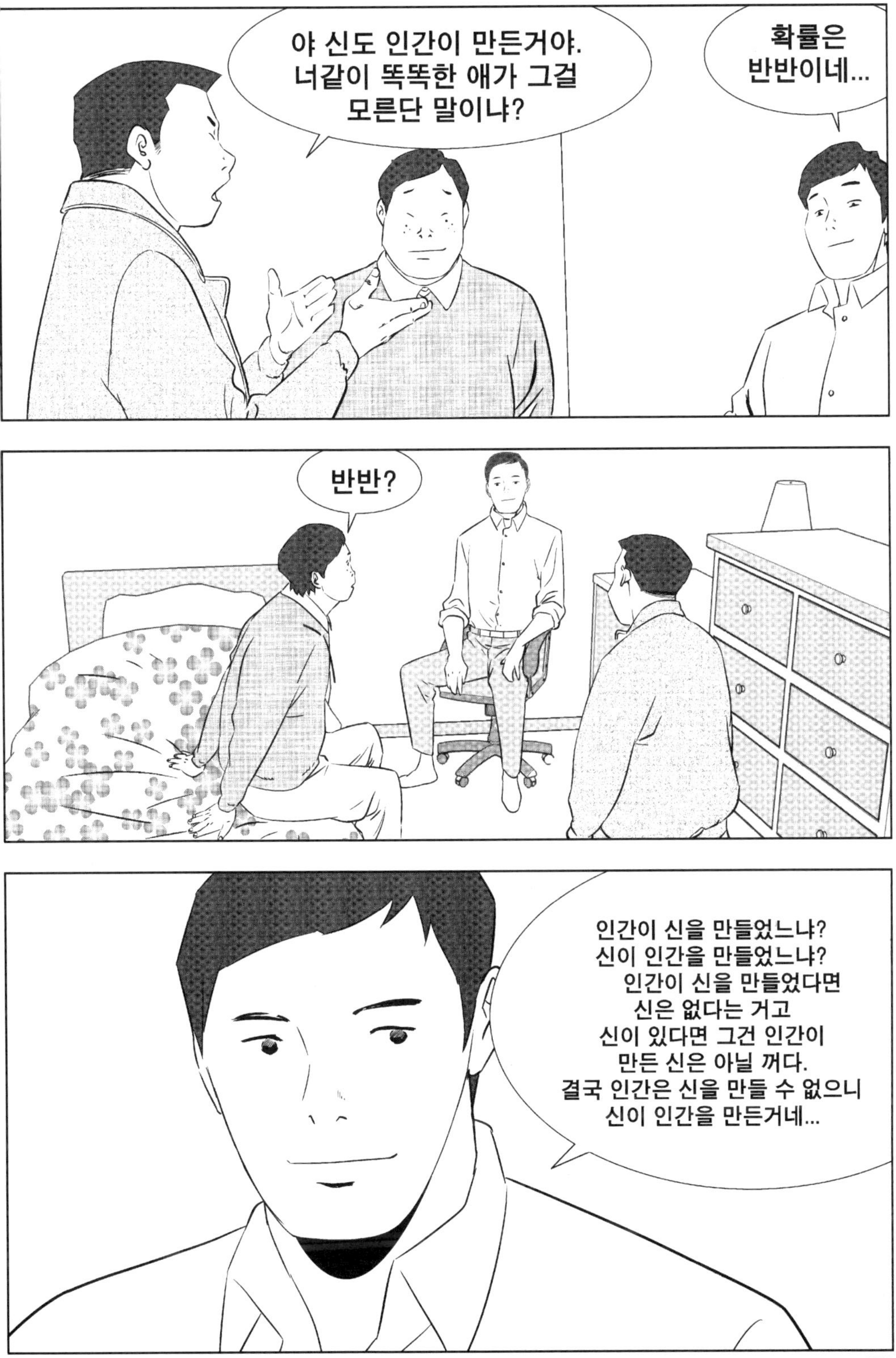
야 신도 인간이 만든거야.
너같이 똑똑한 애가 그걸
모른단 말이냐?
확률은
반반이네...
반반?
인간이 신을 만들었느냐?
신이 인간을 만들었느냐?
인간이 신을 만들었다면
신은 없다는 거고
신이 있다면 그건 인간이
만든 신은 아닐 꺼다.
결국 인간은 신을 만들 수 없으니
신이 인간을 만든거네...

벌써 한호의 신학이
시작된거지...
갑자기 머리
아퍼지네. 그건 무슨
개똥철학이냐?

진실로 진실로 네게 말하노니 사람이 물과 성령으로 거듭나지 아니하면 하나님 나라를 볼 수 없느니라.
거듭 강조 하면서까지 말씀하신 거듭나는게 뭐지? 성경은 너무 어려워

계시란 하나님이 인간에게 자신을 알리는 방법이다. 창조물들을 통해 인간은 하나님을 알 수있다. 이를 일반계시라 한다. 또한 특별한 사람들을 통해 글로 기록하여 하나님에 대해 말씀해 주셨는데 이를 특별계시라한다. 특별계시는 성경이다.
오늘은 여기까지... 질문 있습니까?

거기 한호학생!
오늘 수업과 무관한것 같은데 질문해도 될까요?
뭔가요?
거듭나지 못하면 하나님나라를 볼 수 없다고 했는데 거듭난다는 것이 구체적으로 무슨뜻인지 모르겠습니다.

거듭남? 우리학교 교훈인 중생 말인가요?
예..
중생 곧 rebirth 란 나 자신만을 위해 살던 사람이 예수를 만난후 남을 위해 사는 삶으로 새롭게 변화됨을 의미하지요.
그건 철드는건데.. 실존주의에서 말하는 자신의 존재를 깨닫는거...
방금 뭐라고 했습니까?
아... 아닙니다.

더 이상 질문 없으면
오늘 수업 마치겠습니다.
그게
정답일까?
인간은 어떤 존재지?
내가 사랑하는 사람들은 뭐지?
이 기억은 죽으면 어떻게 되지?
생각하면 할수록 수렁속으로
빠져들어가는 느낌이다.
예수믿는 우리는 믿지 않는 자들보다
모든 면에서 뛰어나야 합니다.

공부하는 사람은 믿지 않는 사람들보다 성적이 좋아야 하고 사업하는 사람은 믿지 않는 사람들보다 더 크게 성공해야 합니다. 이것이 곧 하나님을 높이는 길이요. 복음을 더 잘 전할 수 있는 길입니다.
아멘!
사업을 위해 기도하십시오. 믿지 않는 사람들보다 더 크게 성공하도록...
아멘!

자녀들을 위해 기도하십시오.
믿지 않는 사람들의 자녀보다
더 지혜롭도록...
아멘!
우리에겐 전지전능하신
하나님이 계십니다.
그 분이 여러분을
도와 주실 것입니다.
기도하겠습니다.
아멘!

육일문구
정말 답은 없는 걸까?

다시 태어난다는 거, 중생, 거듭남... 예수님이 말씀하신 이런 것들은 그저 실체가 없는 두루뭉실한 것일까? 그냥 이전과는 다른 철이 든 사람으로 살아가는 거... 그게 전부일까?

진실로 진실로 네게 말하노니 사람이 물과 성령으로 거듭나지 아니하면 하나님 나라를 볼 수 없느니라 진실로 진실로... 예수님이 강조 하시면서 이르신 말씀이라면 엄청 중요하다는 건데..그 의미가 무엇이란 말인가?
한호야!
!!
그 동안 안보이더니 잘 있었냐?
빚쟁이들 피해 다니느라 정신없다.

빚쟁이?
사업을 확장하다가
뜻대로 안되는 바람에...
너도 참
딱하게 됐구나.
그래서 말인데...
내가 가진거라곤
이거 밖에 없거든...
짝퉁 샤넬 NO. 5
이거 몇 개만 사줘라.
야 나 학생이야!
원고료 많이 받잖아

원고료?
나 지금 아르바이트 하면서
학비 조달하는 중이다.
!!
지갑
그래? 미안,
오랜만에 만나서...
내가 미안하지...
!!
근데 넌 하나님이나
천국을 본적이 있는거냐?
너같이 머리 좋은 애가
하나님한테 꽉 붙들려
살고...
!!

보이지 않는 걸
어떻게 보냐?
그럼?
믿는거지.
믿는다고?
응, 창조주하나님이 성경에서
말씀하신 것들을...
하나님이 세상을 창조했다는 거...
예수님이 하나님이시라는 거...
하나님이시니까 죽은 사람도
살리셨다는 거...

넌 참 단순해서 좋겠다. 죽은 사람을 살렸다는 그런 황당한 말들을 믿는다고?
세상을 창조하신 분이라면 충분히 가능하지 않을까?
하나님도 어릴적 믿던 산타클로스할아버지 같은 거야. 인간이 지어낸 이야기일 뿐이라고.
아니 성경은 틀려. 창조주 하나님이 제자들에게 말씀하신 것을 제자들이 적은 거니까.
너랑 신앙애기하면 힘들어진다.
영적 세계는 나도 아직 모르는게 너무 많아. 하나 하나 알아 가는 것도 즐거울거 같다.

너의 그 끝없는 지적
호기심은 언제 채워
지려나.
죽는 그날이
아닐런지..
네가 걱정이다.
앞으로 어쩔래.
나야 내 나름의
훌륭한 처세술이
있으니 걱정마.

부우웅
perfume
진실로 진실로..
네게 말하노니...

사람이 물과 성령으로
거듭나지 아니하면
하나님 나라를
볼 수 없느니라.
끼익!

부웅
엄마!
휘청
꽈악!!

엄마 꼭 붙잡아!
스윽!
여기 앉으시죠.
괜찮은데...
엄마 니 앉을게.
!!
그럼... 고맙습니다.
....

거듭남,
다시 태어남,
중생........
인간은 엄마, 아버지를
통해 한번 태어난다.
다시 태어날 때도 엄마와
아버지 같은존재가
있어야 한다.
어디더라.
본것 같은데...

있다!
!!!!
영접하는 자 곧
그 이름을 믿는
자들에게는
하나님의 자녀가
되는 권세를
주셨으니...

하나님의 자녀로
거듭나는 것...
하나님의 자녀로
다시 태어나는 것...
신적존재로
다시 태어나는 것...

이렇게 쉬운 것을...
이렇게 쉽게 풀어 지는 것을....
신적인 존재...
인간이 하나님의 자녀로
다시 태어난다면 그건 신적인 존재!
영원히 죽지 않는 존재다!
예수님이 헛소리를 하실 분이 아니지...

하나님 감사합니다. 흩어졌던
퍼즐을 찾아 맞춘 느낌입니다.
더 이상 무슨 대답이 필요하겠습니까?
이 말씀 속에 모든 열쇠가 있는데...

예수님이 강조 하시길
사람이 물과 성령으로
거듭나야 한다고 했습니다.
그럼 물은 뭘까요?
성경에서 가장 중요한 물은
뭐라고 보십니까?

아는 학생?
저
교수님
거기 손든 학생.
스윽!
혹시 피도 물에 포함되나요?

짐승의 피나
예수님의 피,
성질은 비슷한데...
!!
그렇지요. 피. 인간이
하나님께 갈 수 없는
가장 큰 이유는 죄입니다.
아담적부터 이어져
내려오는 원죄,,
누구도 벗어날 수 없는 죄...
하나님과 대면하면 죽게 되는
것도 이 죄 때문입니다.

이 죄만 없으면 우리는
하나님과 함께 살 수 있습니다.
하나님을 만나고 하나님과 대화하고...
그러나 어떤 인간도 죄없는
인간이 없다는 것입니다.
아담의 씨를 받은 인간이라면...

그래서 바울은 이렇게 탄식했습니다.
오호라 나는 곤고한 사람이로다
이 사망의 몸에서 누가 나를 건져내랴.
여러분도 죄가 없으면 천국에 갈 수 있습니다.
열두보석으로 인간이 지은 어떤 건물보다도
아름답게 장식되었다는 천국... 그곳에 갈 수 있습니다.
죄가 없다면... 그러나 아무리 깨끗한 순수한 물도
썩은 물 한방울이 들어감으로 전체가
썩어져 버리듯 단 하나의 죄만 있어도 인간은
하나님께 갈 수 없습니다.
생명은 피에 있다고 했습니다.
그래서 생명을 얻기 위해서는
내 죄의 값으로 피를 흘려야 합니다.

여러분 중에
천국에 들어갈
자신 있으신 분,
손들어 보세요.
....
그래서 남자의 몸을
통하지 않고 태어난...
원죄와 상관 없으신 누군가가
대신 피를 흘리면 됩니다.

하나님 앞에 죄가 없으신 분, 인류역사상
단 한분의 죄없으신 분 예수님이 우리의
죄값으로 십자가에서 피를 흘리신 것입니다.
이 사실을 믿는 자를 하나님은 죄 없다고
인정하시고 하나님의 자녀로 삼는다고
약속하셨습니다.
하나님이 죄없다고 인정하시면 누구도
죄를 물을 수 없습니다. 하나님보다
높은이는 아무도 없기 때문입니다.

하나님의 자녀가 되면
그 영혼은 누구도 건드릴 수 없습니다.
그것을 증거하시는 분이 성령님이십니다.
여러분이 예수님을 대속주로 믿으시는 순간
성령님이 그 사실을 증거하시고
아기가 처음 태어날 때
어머님이 갓난 아이를 보살피듯이
성령님이 어머니처럼 믿는 자를 보살피십니다.
바람이 불어도 보이지 않듯이
보이지 않는 성령님이 함께 하신다고
약속하셨습니다.

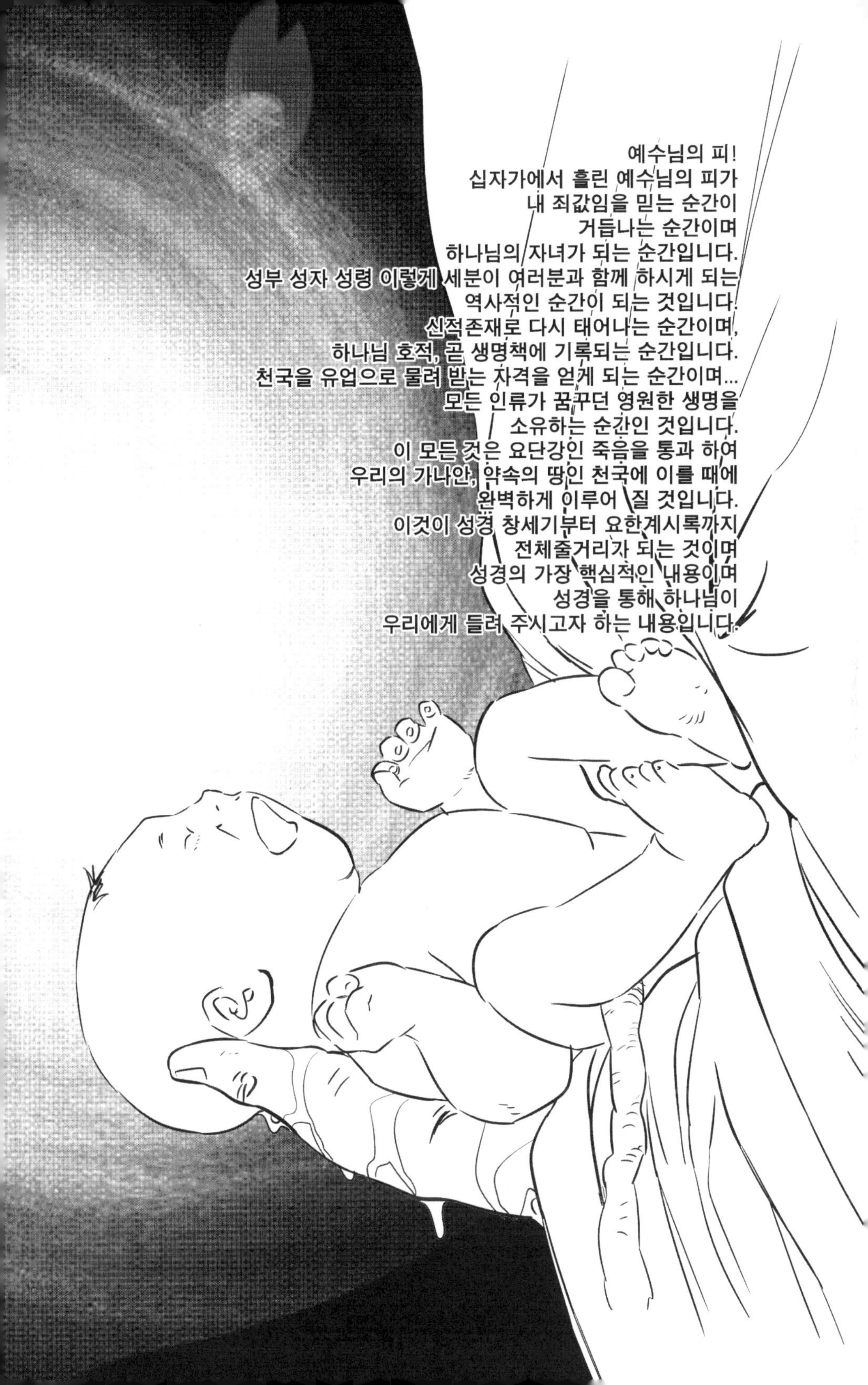
예수님의 피!
십자가에서 흘린 예수님의 피가
내 죄값임을 믿는 순간이
거듭나는 순간이며
하나님의 자녀가 되는 순간입니다.
성부 성자 성령 이렇게 세분이 여러분과 함께 하시게 되는
역사적인 순간이 되는 것입니다.
신적존재로 다시 태어나는 순간이며,
하나님 호적, 곧 생명책에 기록되는 순간입니다.
천국을 유업으로 물려 받는 자격을 얻게 되는 순간이며...
모든 인류가 꿈꾸던 영원한 생명을
소유하는 순간인 것입니다.
이 모든 것은 요단강인 죽음을 통과 하여
우리의 가나안, 약속의 땅인 천국에 이를 때에
완벽하게 이루어 질 것입니다.
이것이 성경 창세기부터 요한계시록까지
전체줄거리가 되는 것이며
성경의 가장 핵심적인 내용이며
성경을 통해 하나님이
우리에게 들려 주시고자 하는 내용입니다.

교수님!
거기학생...
놀라운 말씀인것은 알겠는데요. 우리 할아버지도 돌아가시고 증조할머니 고조할머니 모두 돌아가신 것을 뻔히 아는데 어떻게 영원한 생명을 갖게 된다는 거지요.
거듭난 자 곧 신적 생명을 소유한 자에게 육체의 죽음은 문제 될 것이 없습니다. 죽음은 영생으로 가는 하나의 관문일 뿐입니다.

예수님의 육체가 부활하셨듯 우리 육체도 부활시켜
주신다고 성경에서 수없이 말씀하셨으니까요.
예수님이 부활하셔서 보여주신 몸이
우리가 부활하게 될 몸과 비슷할 것입니다.
예수님이 부활의 첫 열매이시니까요. 병들지 않는몸 죽지 않는 몸.
시공을 초월하는 몸으로.... 부활시켜 주신다고
수없이 말씀하셨습니다.
죽음을 맞을 때까지 우리는
이 사실을 가르치고 또 가르쳐야 하는 것입니다.
돈이... 건강이... 명예가... 권력이...
행복을 줄 수 없습니다. 이 사실을 믿고
하나님의 자녀, 곧 신적 존재로 다시태어나야 합니다.
그래서 영생의 소망을 가지고 서로를 사랑하며
살 때 만이 참된 행복이 있을 수 있습니다.

한호 학생!
동철아!
교수가 됐어도
여전히 네 손엔
책이 있구나.

잘 있었냐?
나 개척했어.
개척이라니?
윗동네에 교회를 세웠다고.
돈을 들여 건물을 지었다는 거야?
목사가 됐다구.

넌 하나님을
안 믿잖아?
신학한적도 없고?
히죽!
말세엔 속성코스도
필요한 법이야.
속성코스?
목사 자격증도
돈좀 쓰니까 나오던데...
목사 자격증이 있으니
하나님 없이도
교회세우자는
사람들이 나서고...
!!!!!!

내 명함이다
언제 한번 와라!
담임 목사
김동철
명함까지?
솔직히 이보다 더
좋은 직업이 어딨냐?
일주일에 듣기 좋게
설교 몇 번 하고
심방 몇 번만 하면
한달 월급이
꼬박꼬박 나오는데...

너 이젠 하나님을
상대로 사기치냐?

무슨 그런 섭한 말을...
하나님이 있어야 사기가
성립 되는거지. 난 위로가
필요한 사람들에게
위로를 주고... 마음의
안식처가 필요한 사람들에게
안식처를 제공하고
댓가를 받을 뿐이야.

꼭 한번
찾아 와라
룰루랄라..
....
....

신학에서 신이 빠지면
철학보다도 못한게 아닐까?
신앙인에게 신이 빠지면 평범한
사람보다도 못한 사람이
되는게 아닐까?

주일은 주님의
날입니다.
이날은 하나님께 바치는
거룩한 날입니다.
이스라엘백성들은 안식일에
나무도 하지 않았습니다.
그 전날 모든 것을
준비해 놓고 안식일에는
오직 하나님을 위해 살았습니다.
이 날 일한 자는 돌로 쳐 죽였습니다.
믿음을 갖고 주일을
거룩하게 지켜보십시오

주님은 결코 물질적 손해가 나지 않도록 돌봐 주십니다.
아멘!
여러분의 소득의 십분의 일은 하나님의 것입니다. 하나님의 것을 떼어 먹다가 그 몇 배의 손해를 입는 사람들을 많이 보았습니다.
여러분 소득의 십분의 일을 하나님께 바치는 것이 아깝습니까? 아주 작은 열중의 하나 때문에 나머지 아홉이 안전하다해도 아깝게 생각하실 것입니까? 십일조의 액수가 많든 적든 아까와하지 마십시오 많으면 많을 수록 여러분에게는 득이 되는 것입니다.

한달에 만원을 십일조하면
구만원의 소득이 있을 뿐이지만
백만원을 십일조 하는 사람은
구백만원의 소득이 있는 것입니다.
얼마의 십일조를 원하십니까?
만원을 십일조하는
사람은 훗날 백만원을
십일조하는 사람이 될 것입니다.
아멘!

멈칫
예수님의 천국복음은 어디로 간거지? 예수님이 안식일의 주인이시라고 하셨다.
믿는 자에게 완전한 안식은 영원한 천국에서 있을 것인데... 어떻게 주일을 안식일로 만든단 말인가? 의와 인과 신... 곧 믿음 소망 사랑과 상관이 없는 헌금들이 무슨 의미가 있단 말인가?
공중의 새들처럼 먹고 살 것이 있으면 족한 줄로 알라 했는데... 어떻게 돈 많은 것이 복이라고 가르친단 말인가? 아무리 많은 돈이 있어도 그것으로 나 자신만을 위해 산다면 아무 유익이 없는 것을.

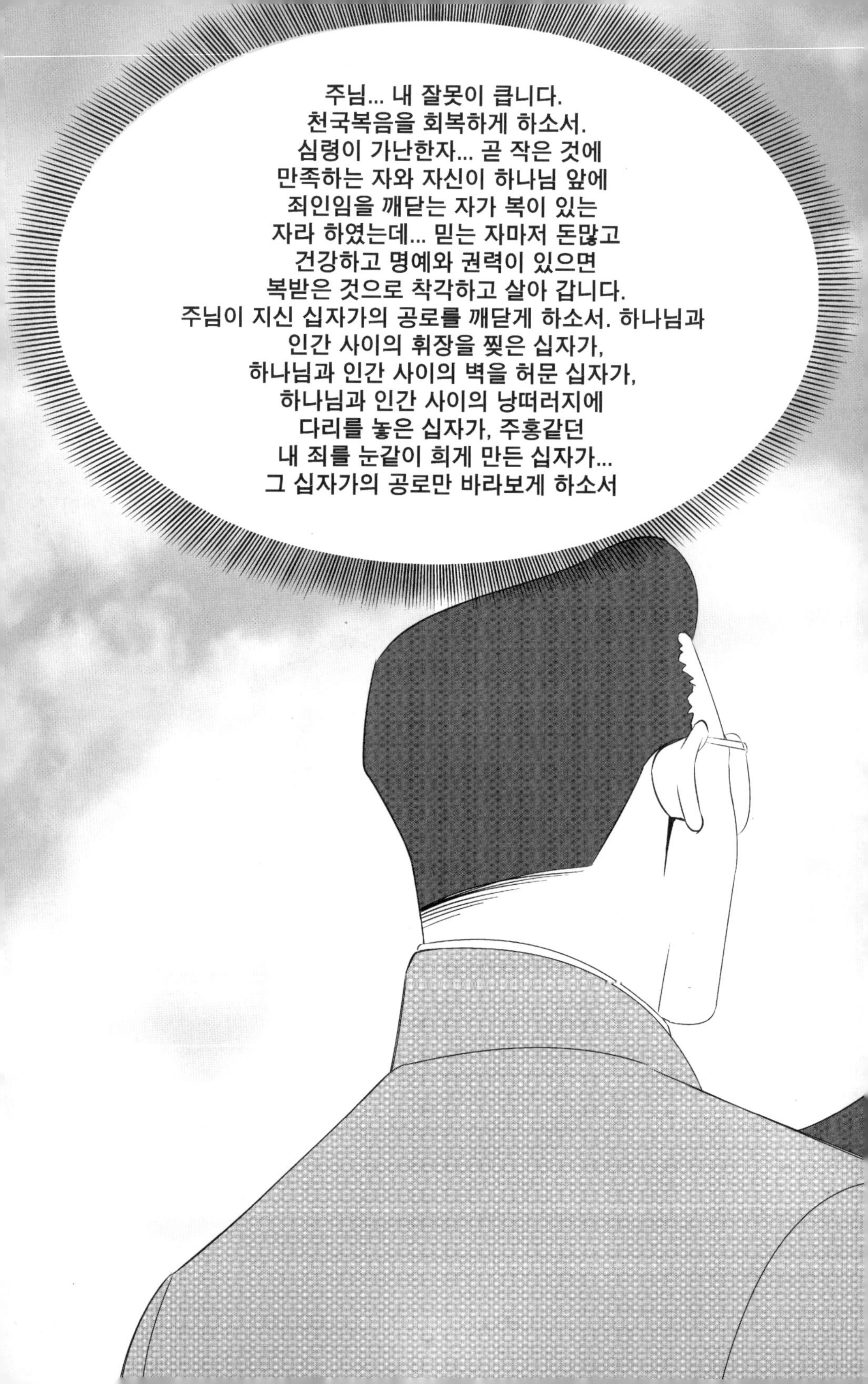
주님... 내 잘못이 큽니다.
천국복음을 회복하게 하소서.
심령이 가난한자... 곧 작은 것에
만족하는 자와 자신이 하나님 앞에
죄인임을 깨닫는 자가 복이 있는
자라 하였는데... 믿는 자마저 돈많고
건강하고 명예와 권력이 있으면
복받은 것으로 착각하고 살아 갑니다.
주님이 지신 십자가의 공로를 깨닫게 하소서. 하나님과
인간 사이의 휘장을 찢은 십자가,
하나님과 인간 사이의 벽을 허문 십자가,
하나님과 인간 사이의 낭떠러지에
다리를 놓은 십자가, 주홍같던
내 죄를 눈같이 희게 만든 십자가...
그 십자가의 공로만 바라보게 하소서

십자가

도한호

어떤 이는 십자가 위에
제 이름 석 자 새겨놓고
어떤 이는 십자가 위에
제 자랑 늘어놓고

어떤 이는 십자가 위에
학위 가운 걸쳐놓고
어떤 이는 십자가 위에
자기 고난 걸어놓았네

그러나 그대들은 십자가에
오직 예수의 공로만 걸라
그 밖의 것은 모두 그를
욕되게 하는 것이라

덜컹!
총장님.
무슨 일이 있습니까?

어제 저녁 김교수님이
돌아가셨습니다.
저런..
결국 회복되지
못하셨구만.
나한테는 형님같은
선배님이신데...
오늘 오후 스케줄
모두 취소해요.
알겠습니다.

김민숙
謹弔
ㄱㅅㅁ
교사모

정담을 나눈지가
얻그제
같은데 상심이
크시겠습니다.
아버님께 말씀은
많이 들었습니다.
바쁘실텐데 이렇게
찾아 주셔서
감사합니다.
아버님은 좋은 곳으로
가셨을 것입니다.
예!
엄마!
왜?

할아버지
돌아가셨으면
어떻게
되시는 거야?
엄마 지금 바쁘니까
방에 가서
형들이랑 놀아.
!!
궁금하단 말이야
할아버지는 어떻게
되시는 거야?
할아버지는 교회
다니셨고 장로님
이셨으니까 천국에
가셨을거야.
정말 천국에 가셨어?
나도 확실히 몰라.
주일날 목사님한테
여쭤봐.

애야 이리 좀 와
보거라.
!!
!!
총장님 죄송해요.
식사하시는데
애가 철이 없어서...
아... 아닙니다.
궁금할 때 진실을
가르쳐 주지 않으면
훗날 방황하게 되지요.
아직 어린앤데...
글쎄요. 애야
이리 와 보거라
예 할아버지.

할아버지가 어디
계신지 궁금해?
예
내가 가르쳐 주마
예? 정말요?
사람은 짐승과
달라서 영혼
이란게 있단다.
영혼이요?

그래 영이란 것은 하나님을 닮은 것으로 영원히 죽지 않는 것이고 혼이란 것은 마음과 같은 것으로 엄마를 생각하고 아빠를 생각하고 하는 그런 거란다. 보이지는 않지만 사람이라면 누구나 다 있는 것이 영혼이지.
아... 그렇구나.
우리 이 몸은 죽어서 땅속으로 가지만 생각하는 영혼 하나님을 닮은 영혼은 하나님께로 돌아 가는 거야. 그래서 할아버지도 돌아가셨다고 하는거고.

그럼 할아버지는 천국에 가신 거예요.
천국에는 죄가 없는 영혼만이 갈 수 있단다.
죄요?
그렇지. 죄는 하나님의 마음을 아프게 하고 다른 사람들의 마음을 아프게 한 거 그런게 죄란다.
그럼 나도 죄가 있네요?
왜?

난...
언젠가 엄마 마음을
아프게 한적도 있고...
선생님 마음을 아프게
한적도 있고... 또...
그래. 나도 그렇단다.
나도 죄가 하나도
없는거 같지만 알고 보면
죄가 많은 사람이란다.
그럼 나도 할아버지도
천국에 못 가겠네요?
어떡해요?
....
....

그런데 누군가 죄없는 사람이 그 죄값으로 대신 죽으면 되는 거란다.
누가 대신 죽어요?
교회에서 배웠지? 예수님이 십자가에서 죽으신거.
예 들은 기억나요.
그 예수님이 십자가에서 죽으신 것이 너와 나의 죄값을 치루기 위해서였단다.

그럼 나는 예수님 때문에 천국에 갈 수 있는 거예요?
그렇지... 하나님이 약속했단다. 예수님이 내 대신 돌아가신 것을 믿으면 천국에 가게 하겠다고... 그리고 몸은 땅속으로 가지만 다시 완전한 몸으로 부활시켜 주시겠다고...
부활이 뭐예요?
몸은 죽어서 땅속에 들어가 썩어버리지만 나중에 천국에서 병들지 않는 몸으로 다시 태어 나는 거야 그게 부활이란다.
나도 교회는 안다니지만 언젠가 들은 기억이 납니다.
난 수십년 다녔는데 내 몸이 부활한다는 건 처음 듣는것 같습니다.
나 믿을래요 예수님이 내 대신 돌아 가신 거...

그래? 그럼 나를
따라서 기도해봐.
어떻게요?
예수님, 내 죄값으로
내가 죽어야 하는데
!!
!!
!!

예수님, 내 죄값으로
내가 죽어야 하는데

내 죄값을 대신 치러
주셔서 고맙습니다.
내 죄값을 대신 치러
주셔서 고맙습니다.
성령님께서 천국에 갈
때까지 지켜 주시고
성령님께서 천국에
갈 때까지
지켜 주시고
예수님 말씀대로 살수
있도록 함께 해 주세요.
예수님 말씀대로 살수
있도록 함께 해 주세요.

예수님의 이름으로 기도했습니다. 아멘
예수님의 이름으로 기도했습니다. 아멘
보이시진 않지만 성령님이 네가 천국에 들어 갈 때까지 함께 하실거야.
성령님이 누구신데요.
성령님도 하나님이시란다. 성부하나님이 아버지 같으신 분이시고 예수님은 형 같으신분 그리고 성령님은 어머니 같으신 분이시지.

하나님도
신기해요.
그렇지? 하지만 우리가
알 수 있는건 성경에
적힌것 뿐이란다.
우리에게 엄마 아버지
형이나 누나들을 주신 것도
하나님의 사랑을 더 잘 알 수
있도록 하시기 위해서란다.
훗날 천국에 가서 직접
하나님을 뵙는다면 더욱더
놀라울거야.
그럼 우리 할아버지도
만날 수 있을까요?
물론이지. 할아버지가
네가 믿은 것처럼
믿으셨다면
하나님 약속대로
천국에 계실
테고 네가 가면 당연히
만나 뵐 수 있겠지.
나 그 때까지
예수님이
하신 말씀 잘
지킬거예요.
벌써 하나님자녀
티가 나는구나.
목사님이신가요?
애기를 들으니 나도
믿어야 될 거 같은데...
어디 교회 다니시는지...

아예...
저는 학교에서 선생으로 있습니다. 사시는 근처의 교회를 가시면 교회에서 잘 인도해 주실 겁니다.
건물이 화려하든 초라하든 그 안에서 거듭나는 영혼, 하나님의 자녀들, 영생을 소유한 영혼들이 늘어 나는 교회라면 지상에서 가장 아름답고 거룩한 건물일테고... 단지 물질의 복을 빌고 자녀들의 성공을 기원하는 그런 모임을 위한 교회라면... 회칠한 무덤, 평토장한 무덤, 화려하게 치장한 무덤일 뿐이겠지.... 시체로만 가득한...

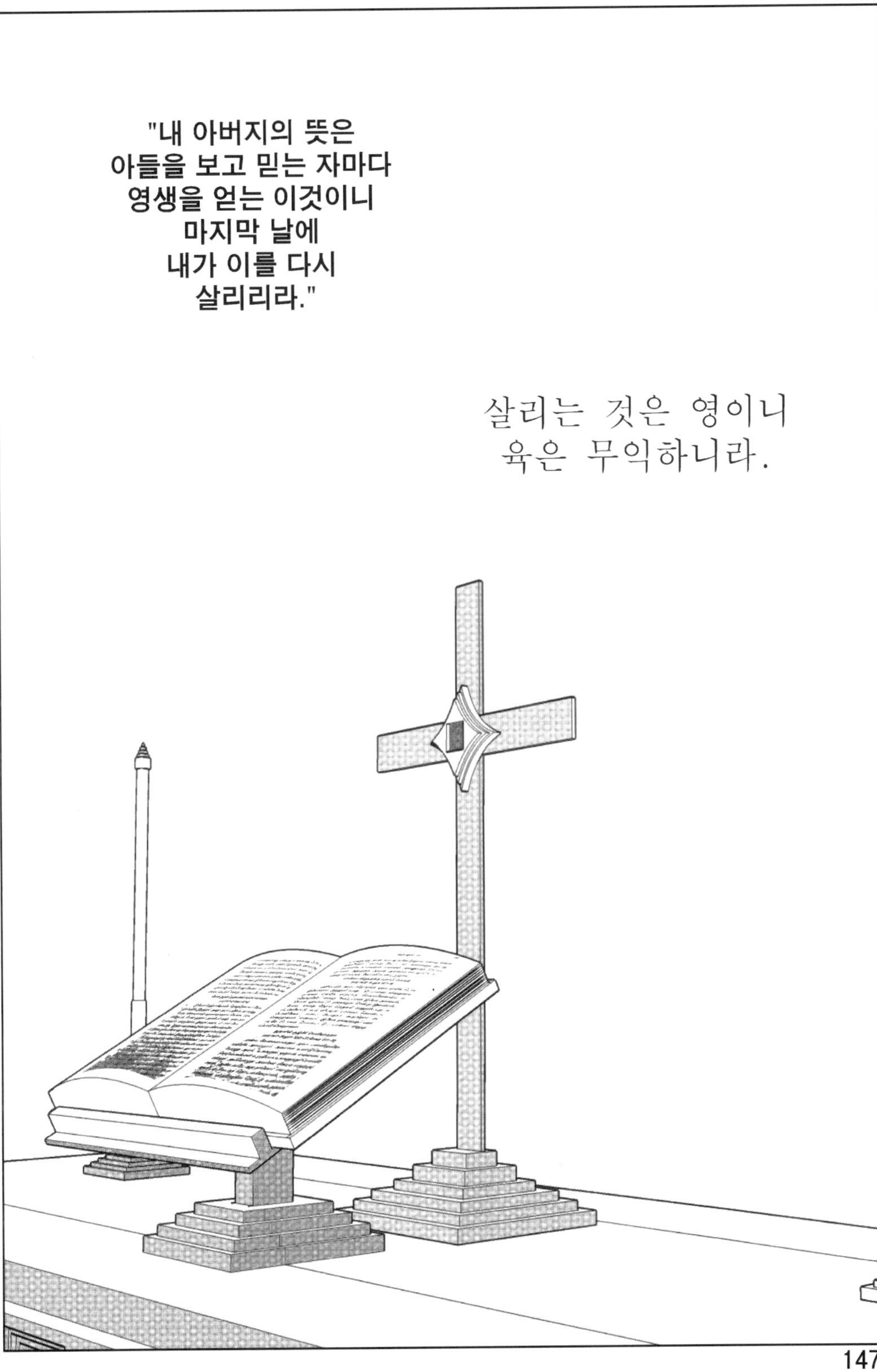
"내 아버지의 뜻은
아들을 보고 믿는 자마다
영생을 얻는 이것이니
마지막 날에
내가 이를 다시
살리리라."
살리는 것은 영이니
육은 무익하니라.

도한호(1939~)

시인
침례신학대 총장

글	김원민
그림	이시혁
발 행 인	성시선
발 행 일	2011.5.23
등록번호	충남예산 제1호
발 행 처	보물지도
주 소	충남 예산군 고덕면 호음2리 6번지
우편번호	340-934
전 화	041-338-0268
팩 스	041-338-5480
홈페이지	www.bomuljido.co.kr
I S B N	978-89-94759-00-5 07230
책 가 격	4,000 원

보물지도 홈페이지에 무료만화전도지가 있습니다.